Une Parole

DE

SAGESSE

W0338310

Hugo Image

Ouvrage dirigé par Hervé Desinge
Textes recueillis par Katherine Quénot

© 2020, Hugo Image, Département de Hugo Publishing
34-36, rue La Pérouse
75116 Paris
www.hugoetcie.fr

ISBN : 9782755684032
Dépôt légal : octobre 2020
Imprimé en Chine

Le Bouddha le dit très clairement : « Votre vie vient de ce que vous pensez. Tout ce que vous êtes vient de ce que vous pensez. »

Généralement, nous ne voulons pas le croire. Nous pensons que notre bonheur ou notre malheur vient du milieu dans lequel où on est né ou de notre horoscope… Parfois, on va un peu plus loin. On pense que ce qui fait notre vie, c'est la manière dont nos amis nous traitent, comment se passe notre journée au travail, ce que nous a dit notre mari ou notre femme ce matin… On peut être sensible au temps, ou à la littérature, ou à une belle exposition. On lit un livre magnifique et ça nous change pour un certain temps. Ou on écoute un CD et on voit la vie comme Léonard Cohen, Bob Dylan ou Johnny Hallyday… En fin de compte, c'est tout cela qui fait notre vie.

Mais ça, ce n'est pas ce que le Bouddha a dit. Ce qu'il a dit, c'est que notre esprit est le maître de notre vie. Bien sûr, toutes ces expériences externes influent sur notre humeur, mais elles ne doivent pas la déterminer. Si on y réfléchit un peu plus, ce qui nous fait agir, c'est le désir d'être heureux. On fait tout pour être heureux et on chercher à éliminer tout ce qui pourrait être un obstacle…

Le problème, c'est qu'en vivant ainsi, on devient des esclaves du bonheur. Or, le chemin de la sagesse est justement que nous soyons plus des esclaves. Et pour cela, nous devons retrouver notre indépendance aux conditions extérieures. C'est ce que disent la plupart de ces paroles de sagesse. On ne peut pas fonder sa vie sur le temps qu'il fait…

Katherine Quénot

« À partir d'aujourd'hui,
décide d'un style, d'un genre de vie
que tu garderas aussi bien seul
que devant les autres. »

Épictète

1er

JANVIER

☀ 8h44 ☀ 17h04

Jour de l'an

« Il faut aujourd'hui plus de conditions pour faire un sage qu'il n'en fallut anciennement pour en faire sept ; et il faut en ce temps-ci plus d'habileté pour traiter avec un seul homme qu'il n'en fallait autrefois pour traiter avec tout un peuple. »

Baltasar Gracian

2

JANVIER

8h44 17h05

St Basile

« Le fameux “Rien ne se crée, rien ne se perd, tout se transforme” de Lavoisier met en évidence que la nature n’a pas de poubelles. »

Pierre Rhabi

3

JANVIER

☀ 8h44 ☀ 17h06

Épiphanie

« J'ai senti certains jours
que c'étaient les arbres
qui me regardaient. »

André Marchand

4

JANVIER

☀ 8h44 ☀ 17h07

St Odilon

« Ce que l'on appelle aujourd'hui "économie" est devenu l'art subtil de faire de la prédation une science. »

Pierre Rabhi

5

JANVIER

8 h 44 17 h 09

St Édouard

« Vivez content, vous vivrez en roi. »

Proverbe oriental

6

JANVIER

☀ 8h44 ☀ 17h10

Ste Mélaine

« Je viens de rencontrer quelqu'un qui abominait l'argent et qui, cependant, a toujours vécu avec celui des autres. »

Alejandro Jodorowsky

7

JANVIER

☀ 8h43 ☀ 17h11

St Raymond

« Qui connaît l'autre homme
est intelligent, qui se connaît
est éclairé, qui vainc l'homme
est fort, qui se vainc est énergique,
qui sait se contenter est riche,
qui s'efforce d'agir a de la volonté.
Qui est mort sans être disparu
atteint l'immortalité. »

Lao Tseu

8

JANVIER

☀ 8h43 ☀ 17h12

St Lucien

« L'être humain n'est pas un objet à conformer au désir d'autrui. »

Françoise Dolto

9

JANVIER

8h43 17h13

Ste Alix

« C'est la perspective de la mort qui rend chaque instant et tous les instants uniques. Si mal il y a, il réside dans les occurrences anormales, tragiques. Ces dernières se situent hors de l'ordre de la vie. »

François Cheng

10

JANVIER

8h42 17h15

St Guillaume

« Prenez garde à la tristesse.
C'est un vice. »

Gustave Flaubert

11
JANVIER

8h42 17h16

St Paulin

« Percevoir le minuscule,
voilà la clairvoyance.
Garder la douceur,
voilà l'énergie. »

Lao Tseu

12
JANVIER
8h41 17h17
Ste Tatiana

« Toute beauté est cause de joie pour toujours. »

John Keats

13

JANVIER

8h41 17h19

Ste Yvette

« Tout autant que vous êtes,
vous êtes parfaits tels quels
et vous pourriez tous vous
améliorer un tantinet. »

Suzuki Roshi

14

JANVIER

8 h 40 17 h 20

Ste Nina

« C'est pas dur la politique, comme métier ! Tu fais cinq ans de droit et tout le reste c'est de travers. »

Coluche

15

JANVIER

8 h 39 17 h 21

St Rémi

« Heureux celui qui plane sur la vie,
et comprend sans effort le langage
des fleurs et des choses muettes. »

Charles Baudelaire

16

JANVIER

☀ 8h39 ☀ 17h23

St Marcel

« Habitue-toi à écouter attentivement les paroles d'autrui ; entre, autant que possible, dans l'esprit de celui qui parle. »

Marc Aurèle

17

JANVIER

☀ 8 h 38 ☀ 17 h 24

Ste Roseline

« Ce qui tourmente les hommes,
ce n'est pas la réalité
mais les opinions qu'ils s'en font.
Ainsi la mort n'a rien de redoutable,
la chose à craindre, c'est l'opinion
que la mort est redoutable. »

Épictète

18

JANVIER

8 h 37 17 h 26

Ste Prisca

« Si la sérénité résidait dans les plaisirs du corps, nous dirions que les bœufs atteignent la sérénité quand ils trouvent du foin à brouter. »

Héraclite

19

JANVIER

8 h 36 17 h 27

St Marius

« Je ne crois pas que nous puissions corriger quoi que ce soit dans le monde extérieur que nous n'ayons d'abord corrigé en nous. »

Etty Hillesum

20

JANVIER

☀ 8h35 ☀ 17h29

St Sébastien

« La jeunesse n'est pas une période de la vie. Elle est un état d'esprit, un effet de la volonté, une qualité de l'imagination, une intensité émotive, une victoire du courage sur la timidité, du goût de l'aventure sur l'amour du confort. »

Samuel Ullman

21

JANVIER

☀ 8 h 34 ☀ 17 h 30

Ste Agnès

« Le fait d'être plus intelligent
confère-t-il le droit d'exploiter
ou de faire souffrir
ceux qui le sont moins ? »

Matthieu Ricard

22
JANVIER

8 h 33 17 h 32

St Vincent

« Les meilleures choses de la vie consistent en états non volontaires, dont nous ne pouvons contrôler ni le processus d'éclosion, ni la fréquence d'apparition, ni la durée de la manifestation en nous. »

Romain Graziani

23

JANVIER

☀ 8 h 32 ☀ 17 h 33

St Barnard

« Juge-toi digne de toute parole
et de tout acte conformes à la nature ;
que les reproches ou les propos qui
parfois les suivent ne t'en détournent
pas ; quand il est bien de parler
ou d'agir, juge-toi digne de le faire. »

Marc Aurèle

24

JANVIER

8h31 17h35

St François de Sales

« Dans votre ascension professionnelle, soyez toujours très gentil pour ceux que vous dépassez en montant. Vous les retrouverez au même endroit en redescendant. »

Woody Allen

25

JANVIER

☀ 8 h 30 ☀ 17 h 36

Conversion de St Paul

« Puisque tous les autres profitent
de toi, profite donc toi aussi
de toi-même. Pourquoi serais-tu seul
à être privé de cette faveur ?
Rappelle-toi donc, je ne dis pas
toujours, je ne dis même pas souvent,
mais au moins de temps en temps,
que tu te dois aussi à toi-même. »

Saint Bernard

26
JANVIER

8h29 17h38

Ste Paule, Ste Pauline

« Le sommeil est
comme une colombe,
il suffit de tendre le bras
pour qu'elle se pose.
Mais n'essayez pas de l'attraper,
sinon elle s'envole. »

Paul-Charles Dubois

27

JANVIER

☀ 8 h 28 ☀ 17 h 40

Ste Angèle

« Je ferai admirablement remarquer
aux hommes politiques
qui me prennent pour un rigolo que
ce n'est pas moi qui ai commencé. »

Coluche

28

JANVIER

8h27 17h41

St Thomas d'Aquin

« Vous devez vous concentrer,
et vous consacrer entièrement
à chaque journée,
comme si vous deviez éteindre
le feu dans vos cheveux. »

Taisen Deshimaru

29

JANVIER

☀ 8h25 ☀ 17h43

St Gildas

« Les sages ne se repaissent jamais des applaudissements du vulgaire. »

Baltasar Gracian

30

JANVIER

8 h 24 17 h 44

Ste Martine

« La vérité, c'est être
comme le poisson dans l'océan
et l'oiseau dans le ciel.
C'est se donner complètement
et absolument à soi-même. »

Alejandro

31
JANVIER

☀ 8h23 ☀ 17h46

Ste Marcelle

« C'est le malheur ordinaire
des malhabiles gens de se tromper
dans le choix de leur profession,
de leurs amis, et de leur demeure. »

Baltasar Gracian

1er
FÉVRIER

8h21 17h48

Ste Ella

« Toutes les promesses
sont pure séduction. »

Chögyam Trungpa

2

FÉVRIER

8 h 20 17 h 49

Présentation du Seigneur

« Il nous faut être attentifs et présents
à ce que nous sommes vraiment.
Être conscients du soleil
que nous portons en nous. »

Alejandro Jodorowsky

3

FÉVRIER

8h19 17h51

St Blaise

« Nous ne devons jamais
ni trop admirer ni trop mépriser. »

Mirabeau

4
FÉVRIER

8 h 17 17 h 53

Ste Véronique

« Malheureux est l'esprit tourmenté de l'avenir. »

Sénèque

5

FÉVRIER

8h16 17h54

Ste Agathe

« On jugerait bien plus sûrement un homme d'après ce qu'il rêve que d'après ce qu'il pense. »

Victor Hugo

6

FÉVRIER

8h14 17h56

St Gaston

« Je dois aimer en toi cette part que toi-même tu aimes ; c'est ton âme ; pour m'éprendre de ton âme, il me faut puiser non en mon corps seul mais bien en mon âme. »

Michel-Ange

7

FÉVRIER

8h13 17h58

Ste Eugénie

« Tout le monde sait
que la beauté est belle.
Voilà ce qui fait sa laideur.
Tout le monde sait
que le bien est bien.
Voilà ce qui fait son imperfection. »

Lao Tseu

8
FÉVRIER

8h11 17h59

Ste Jacqueline

« La morale, c'est bon pour les riches. Une vie pauvre est serrée par les événements ; je n'y vois ni arbitraire, ni choix, ni délibération. Certaines vertus sont imposées, d'autres impossibles. Aussi je hais ces bons conseils que le bienfaiteur donne au misérable. »

Alain

9

FÉVRIER

8h10 18h01

Ste Apolline

« N'essayez pas de devenir
un homme qui a du succès.
Essayez de devenir un homme
qui a de la valeur. »

Albert Einstein

10

FÉVRIER

☀ 8 h 08 ☀ 18 h 03

St Arnaud

« Même vouloir être doux
serait cesser d'être doux,
parce que toute affectation
détruit la douceur. »

Pierre Hadot

11

FÉVRIER

8h06 18h04

Notre-Dame de Lourdes

« Tu n'as pas de subtilité d'esprit à faire admirer, soit ! Mais il est bien d'autres qualités dont tu ne peux dire que tu n'es pas doué : honnêteté, sérieux, patience, indifférence au plaisir ; absence de plaintes sur ton sort, besoins très restreints, bienveillance, simplicité… »

Marc Aurèle

12

FÉVRIER

8h05 18h06

St Félix

« Ne te monte jamais la tête pour une chose où ton mérite n'est pas en cause. »

Épictète

13

FÉVRIER

8h03 18h08

Ste Béatrice

« Le mensonge tue l'amour, a-t-on dit.
Eh bien, et la franchise, donc ! »

Abel Hermant

14

FÉVRIER

8h01 18h09

St Valentin

« Attaque une difficulté dans ses éléments faciles, accomplis une grande œuvre par de menus actes. La chose la plus difficile au monde se réduit finalement à tes éléments faciles. L'œuvre la plus grandiose s'accomplit nécessairement par de menus actes. »

Lao Tseu

15

FÉVRIER

☀ 8h00 ☀ 18h11

St Claude

« J'ai bien des fois regretté,
tout au long de ma vie, d'avoir
toujours été si raisonnable,
jamais un peu fou et de n'avoir
pas su m'amuser. »

Jean Guéhenno

16

FÉVRIER

7 h 58 18 h 12

Ste Lucile

« Le peu, le très peu que l'on peut faire, il faut le faire quand même. »

Théodore Monod

17

FÉVRIER

7h56 18h14

St Alexis

« Il n'y a pas de beauté plus réelle que la sagesse que l'on voit en quelqu'un. »

Plotin

18

FÉVRIER

7h54 18h16

Ste Bernadette

« Dans le monde, disait M., vous avez trois sortes d'amis : vos amis qui vous aiment, vos amis qui ne se soucient pas de vous et vos amis qui vous haïssent. »

Chamfort

19

FÉVRIER

7h53 18h17

St Gabin

« Personne ne te fera de mal,
à moins que tu n'y consentes ;
le mal ne viendra que lorsque
tu jugeras qu'on te fait du mal. »

Épictète

20
FÉVRIER

7h51 18h19

Ste Aimée

« Qui ne s'émerveille pas ne naît pas à la vie et qui ne naît pas à la vie se destine à la mort. »

Maurice Zundel

21

FÉVRIER

☀ 7h49 ☀ 18h21

St Pierre-Damien

« Béni soit celui qui a préservé
du désespoir un cœur d'enfant ! »

Georges Bernanos

22

FÉVRIER

7 h 47 18 h 22

Ste Isabelle

« Que resterait-il de nous si nous changions complètement de figure, alors que nous devons cependant être le même corps. Il resterait de nous ce qui fait de notre corps une chose extraordinairement précieuse : il resterait ce pouvoir d'expression. »

Maurice Zundel

23

FÉVRIER

7 h 45 18 h 24

St Lazare

« Il faut un haut degré de maturité
et de tolérance envers les autres
pour vivre avec une vérité relative,
avec des questions auxquelles
il n'est pas de réponse. »

Paul Watzlawick

24
FÉVRIER

7h43 18h25

St Modeste

« Ce qui n'est pas utile à l'essaim n'est pas non plus utile à l'abeille. »

Marc Aurèle

25
FÉVRIER

7h41 18h27

St Roméo

« N'imitez rien ni personne.
Un lion qui copie un lion
devient un singe. »

Victor Hugo

26
FÉVRIER

7 h 39 18 h 29

St Nestor

« L'équité n'a guère de partisans, beaucoup de gens la louent, mais sans lui donner entrée chez eux. »

Baltasar Gracian

27

FÉVRIER

7 h 37 18 h 30

Ste Honorine

« Pour commencer, il faut se percevoir tel que l'on est. Ne pas se raconter d'histoires. Il faut se trouver. »

Alejandro Jodorowsky

28

FÉVRIER

7 h 36 18 h 32

St Romain

« Dans la conversation, il ne faut pas toujours parler à cœur ouvert. Le silence est le sanctuaire de la prudence. »

Baltasar Gracian

« Le véritable artiste n'a pas d'orgueil. »

Beethoven

2

MARS

7h32 18h35

St Charles le Bon

« La bravoure est encore la plus sûre des attitudes. Les choses perdent de leur épouvante à être regardées en face. »

Alexandra David-Néel

3

MARS

☀ 7 h 30 ☀ 18 h 37

St Guénolé

« Chaque expérience de beauté nous restitue chaque fois la fraîcheur du monde. »

François Cheng

4
MARS

☀ 7 h 28 ☀ 18 h 38

St Casimir

« Si tu veux qu'un être ait confiance en toi, tu dois lui parler en étant comme un miroir très pur : refléter l'autre sans critique ni projection. »

Alejandro Jodorowsky

5

MARS

☀ 7 h 26 ☀ 18 h 40

Ste Olive

« Vivre de telle sorte qu'il te faille désirer revivre, c'est là ton devoir. »

Friedrich Nietzsche

6

MARS

7 h 24 18 h 41

Ste Colette

« La grâce n’a pas d’âge. »

Gérard Bauër

7

MARS

☀ 7 h 22 ☀ 18 h 43

Ste Félicité

« Au sein de la société moderne, l'image de la femme est pour ainsi dire une sorte de matière première à forte valeur ajoutée en fantasmes commercialisables de toutes sortes. »

Pierre Rabhi

8

MARS

7h19 18h44

St Jean de Dieu

« La bonté supérieure est comme l'eau qui est apte à favoriser tous les êtres et ne rivalise avec aucun. »

Lao Tseu

9

MARS

☀ 7h17 ☀ 18h46

Ste Françoise

« N'attends pas que les événements arrivent comme tu le souhaites : décide de vouloir ce qui arrive et tu seras heureux. »

Épictète

10

MARS

7h15 18h48

St Vivien

« La voie de la paix repose
sur la patience qu'on a face au fait
que tous les êtres font des erreurs. »

Pema Chödrön

11

MARS

7h13 18h49

Ste Rosine

« Cet homme, après son bienfait, n'en est pas fasciné ; il passe à autre chose, comme la vigne va produire encore sa grappe, quand ce sera la saison. »

Marc Aurèle

12

MARS

☀ 7h11 ☀ 18h51

Ste Justine

« Il faut racheter le monde
par la beauté : beauté du geste,
de l'innocence, du sacrifice,
de l'idéal. »

Romain Gary

13
MARS

☀ 7 h 09 ☀ 18 h 52

St Rodrigue

« Quand le jeune esclave du voisin casse une coupe, nous sommes prêts à dire : “Ce sont des choses qui arrivent.” Sache donc que si c’est une de tes coupes qu’on a cassées, tu dois avoir la même réaction que pour celle du voisin. »

Pierre Rabhi

14

MARS

7 h 07 18 h 54

Ste Mathilde

« L'être humain est possédé par ce qu'il croit posséder. »

Épictète

15

MARS

7 h 05 18 h 55

Ste Louise

« Veuillez à être lucide en toute chose. Prenez conscience du moindre de vos gestes, de la plus fugitive de vos pensées, de la plus ténue de vos émotions. Cessez de somnambuler. La vigilance fera de votre esprit un pur miroir. »

Osho Rajneesh

16

MARS

☀ 7 h 03 ☀ 18 h 57

Ste Bénédicte

« Lever matin n'est point bonheur.
Boire matin est le meilleur. »

François Rabelais

17

MARS

7 h 01 18 h 58

St Patrick

« Si nous mangeons n'importe quoi, n'importe comment, si nous vivons dans des maisons préfabriquées, nous habillant sans y prêter beaucoup d'attention, comment se sentir bien ? »

Fabrice Midal

18
MARS
☀ 6h59 ☀ 19h00
St Cyrille

« L'empressement à produire l'effet escompté impose à autrui l'image d'un être qui gesticule et surjoue, en proie au besoin désagréablement insistant de plaire et d'être aimé, autant d'effets contrariant le but poursuivi. »

Romain Graziani

19

MARS

6 h 57 19 h 01

St Joseph

« Je trouve que la télévision à la maison est très favorable à la culture. Chaque fois que quelqu'un l'allume chez moi, je vais dans la pièce d'à côté et je lis. »

Groucho Marx

20

MARS

6h55 19h03

Printemps • St Herbert

« Que sont-ils, ceux à qui l'on veut plaire ? Pour quels résultats et par quelles actions le veut-on ? Comme le temps va vite recouvrir toutes ces choses, et combien il en a déjà recouvertes ! »

Marc Aurèle

21

MARS

6 h 52 19 h 04

Ste Clémence

« C'est ainsi que doit fonctionner
la relation amoureuse,
chaque partenaire transformant
l'autre. »

Clarissa Pinkola Estés

22
MARS

6 h 50 19 h 06

Ste Léa

« L'ambition fait souvent accepter
les fonctions les plus basses.
C'est ainsi que l'on grimpe dans
la même posture que l'on rampe. »

Jonathan Swift

23

MARS

☀ 6 h 48 ☀ 19 h 07

St Victorien

« Si tu tiens à paraître,
que ce soit à tes propres yeux
et tu en auras fait assez. »

Épictète

24
MARS

6h46 19h09

Ste Catherine de Suède

« Le faible ne peut pardonner.
Pardonner appartient aux forts. »

Mahatma Gandhi

25

MARS

☀ 6h44 ☀ 19h10

St Humbert

« Préviens le mal avant qu'il ne soit.
Mets de l'ordre avant que n'éclate
le désordre. »

Lao Tseu

26

MARS

6h42 19h12

Ste Larissa

« Si, avec un mental impur,
quelqu'un parle ou agit,
alors la douleur le suit
comme la roue suit le bœuf. »

Bouddha

27

MARS

☀ 6h40 ☀ 19h13

St Habib

« Si, avec un mental pur,
quelqu'un parle ou agit,
alors le bonheur le suit comme
l'ombre qui jamais ne le quitte. »

Bouddha

28

MARS

6h38 19h15

St Gontran

« Si on n'a pas de doutes, la vie est un peu ennuyeuse, non ? »

Zao Wou-Ki

29

MARS

7 h 36 20 h 16

Ste Gladys

« Il ne faut jamais ouvrir la porte au mal, car il en vient toujours d'autres après, et même de plus grands qui sont en embuscade. »

Baltasar Gracian

30

MARS

7 h 33 20 h 18

St Amédée

« L'essentiel n'est pas d'être parfait. L'essentiel est d'avoir une commande à l'intérieur de soi pour se remettre de nouveau à l'œuvre quand on s'est écarté du chemin spirituel. »

Alejandro Jodorowsky

31

MARS

☀ 7 h 31 ☀ 20 h 19

St Benjamin

« Le rire est le meilleur désinfectant du foie. »

Malcolm de Chazal

1er

AVRIL

☀ 7 h 29 ☀ 20 h 21

St Hugues

« On doit respecter Dieu et Bouddha, mais on ne doit pas en dépendre. »

Miyamoto Musashi

2

AVRIL

7 h 27 — 20 h 22

Ste Sandrine

« L'homme consommé se reconnaît
à ces marques : au goût fin,
au discernement, à la solidité
du jugement, à la docilité
de la volonté, à la circonspection
des paroles et des actions. »

Baltasar Gracian

3

AVRIL

7 h 25 20 h 24

St Richard

« La beauté a puissance
de résurrection. Il suffit de voir
et d'entendre. C'est par distraction
que nous n'entrons pas au paradis
de notre vivant, uniquement
par distraction. »

Christian Bobin

4

AVRIL

7 h 23 20 h 25

Pâques • St Isidore

« L'embêtant avec la résurrection, c'est qu'il faut mourir avant. »

Frédéric Beigbeder

5

AVRIL

7 h 21 20 h 27

Lundi de Pâques • Ste Irène

« Il y a un aspect ordonné du mental
qui permet à l'intellect de travailler
dans l'ordre et un aspect désordonné
pour permettre à l'inconscient
de se manifester. L'ordre total
dans un jardin tue le jardin. »

Alejandro Jodorowsky

6

AVRIL

7 h 19 20 h 28

St Célestin

« J'ai passé bien des heures
de ma vie à regarder pousser l'herbe
ou à contempler la sérénité
des grosses pierres au clair de lune. »

George Sand

7

AVRIL

7 h 17 20 h 30

St Jean-Baptiste de La Salle

« Ma vie est une somme
de terribles malheurs...
dont la plupart ne sont
jamais arrivés. »

Marc Twain

8

AVRIL

☀ 7h15 ☀ 20h31

Ste Julie

« Celui qui tient un bol plein d'eau ne vaut pas celui qui y renonce. »

Lao Tseu

9

AVRIL

7 h 13 20 h 33

St Gauthier

« L'homme connaît le monde non point par ce qu'il y dérobe, mais par ce qu'il y ajoute. »

Paul Claudel

10

AVRIL

7h11 20h34

St Fulbert

« Quand un lion mange une antilope, il se contente de cette offrande dans la vie. Il n'a ni banque ni entrepôt d'antilopes. »

Pierre Rabhi

11

AVRIL

☀ 7 h 09 ☀ 20 h 36

St Stanislas

« Songe souvent à la course folle des êtres et des événements, à la vitesse avec laquelle ils se remplacent. »

Marc Aurèle

12

AVRIL

7 h 07 20 h 37

St Jules

« Celui qui redoute le ridicule n'ira
jamais loin en bien ni en mal,
il restera en deçà de ses talents,
et lors même qu'il aurait du génie,
il serait encore voué à la médiocrité. »

Cioran

13
AVRIL

7 h 05 20 h 39

Ste Ida

« Nous pouvons constamment retomber de l'émerveillement qui nous délivre de nous-même à la complaisance qui nous rive à nous-même. »

Maurice Zundel

14

AVRIL

7 h 03 20 h 40

St Maxime

« Comment, si tu ne flattes personne, obtenir autant que les flatteurs ? Tu as refusé de payer le prix de ces faveurs et tu voudrais qu'on te les accorde pour rien ? »

Épictète

15

AVRIL

7h01 20h42

St Paterne

« La vie est une maladie mortelle sexuellement transmissible. »

Woody Allen

16

AVRIL

☀ 6 h 59 ☀ 20 h 43

St Benoît-Joseph

« Chacun se juge unique avec raison.
Mais on se croit *seul* unique. »

Jean Prévost

17

AVRIL

6 h 57 20 h 45

St Anicet

« Écouter les autres, c'est encore la meilleure façon d'entendre ce qu'ils disent. »

Pierre Dac

18

AVRIL

6 h 55 20 h 46

St Parfait

« Si vous voulez vivre longtemps, vivez vieux. »

Erik Satie

19

AVRIL

6 h 53 20 h 48

Ste Emma

« Les vieillards sont assez enclins à doter de leurs chagrins l'avenir des jeunes gens. »

Honoré de Balzac

20

AVRIL

6 h 51 20 h 49

Ste Odette

« La maîtrise de soi n'implique pas la suppression des sens et du mental ; ceux-ci doivent être utilisés comme des bons serviteurs mais ne doivent jamais devenir des maîtres dangereux. »

Chandra Swami

21

AVRIL

6 h 49 20 h 51

St Anselme

« Laissez votre main une minute sur un fourneau et cela vous semblera une heure. Restez assis à côté d'une jolie fille pendant une heure et elle vous semblera une minute. C'est la relativité. »

Albert Einstein

22

AVRIL

6 h 47 20 h 52

St Alexandre

« N'oubliez pas que l'ego a besoin de problèmes, de conflits et d'ennemis pour renforcer le sentiment de division dont dépend son identité. »

Eckhart Tolle

23

AVRIL

6h45 20h54

St Georges

« J'ai trois trésors que je détiens
et auxquels je m'attache : le premier
est amour, le deuxième est économie,
le troisième est humilité. Aimant,
je puis être courageux, économe,
je puis être généreux, n'osant pas
être le premier dans le monde,
je puis devenir le chef des grands
dignitaires. »

Lao Tseu

24

AVRIL

6 h 43 · 20 h 55

St Fidèle

« On ne doit pas accorder sa confiance à quelqu'un qui ne sourit jamais. »

Montherlant

25

AVRIL

6 h 42 20 h 57

St Marc

« Ne crains pas de te contredire,
il n'y a point de contradiction
dans le moment. »

Marcel Schwob

26

AVRIL

☀ 6 h 40 ☀ 20 h 58

Ste Alida

« L'expérience, ce n'est pas ce qui arrive à un homme, c'est ce qu'un homme fait avec ce qui lui arrive. »

Aldous Huxley

27

AVRIL

☀ 6 h 38 ☀ 21 h 00

Ste Zita

« Ne juge pas comme juge l'homme qui t'insulte et comme il voudrait que tu juges : vois les choses comme elles sont en vérité. »

Marc Aurèle

28

AVRIL

6 h 36   21 h 01

Ste Valérie

« Il y a des occupations importunes
qui rongent le temps le plus précieux.
Il vaut mieux ne rien faire
que s'occuper mal à propos. »

Baltasar Gracian

29

AVRIL

6h34 21h02

Ste Catherine de Sienne

« Souvent notre maître intérieur ne veut pas voir toutes nos petites imperfections : notre petite personnalité déprimée, notre enfant intérieur persistant duquel nous ne voulons pas sortir, notre intellect décadent, notre cœur fermé, notre désir de nous détruire corporellement, etc. »

Alejandro Jodorowsky

30

AVRIL

6 h 33 21 h 04

St Robert

« Les Occidentaux inventent des outils pour gagner du temps et sont obligés de travailler jour et nuit, me disaient des amis du tiers-monde. »

Pierre Rabhi

1er

MAI

6h31 21h05

Fête du travail • St Jérémy

« Les princes veulent bien être aidés, mais non surpassés. Ceux qui les conseillent doivent parler comme des gens qui les font souvenir de ce qu'ils oublient, et non point comme leur enseignant ce qu'ils ne savent pas. »

Baltasar Gracian

2

MAI

6 h 29 21 h 07

St Boris

« Un être évolué a développé sa capacité de faire attention. Ceux qui n'ont pas développé cette capacité ne savent pas fixer leur regard. Ils sont quelque part sans y être vraiment. »

Alejandro Jodorowsky

3

MAI

6 h 28 21 h 08

St Philippe

« Au-delà de l'amante avec laquelle on jouit de la vie, il y a une sœur avec qui l'on pleure. »

Maurice Barrès

4

MAI

6 h 26 21 h 10

St Sylvain

« S'il y avait une seule vérité, on ne pourrait pas faire cent toiles sur le même thème. »

Pablo Picasso

5

MAI

6 h 24 21 h 11

Ste Judith

« La force de celui qui croit en Dieu n'est pas en Dieu mais dans sa foi. »

Nuage de l'inconnaissance, texte anonyme

6

MAI

6 h 23 21 h 13

Ste Prudence

« Produire et entretenir : produire sans s'approprier, agir sans rien attendre, guider sans contraindre, voilà la vertu primordiale. »

Lao Tseu

7

MAI

6h21 21h14

Ste Gisèle

« Ce que nous pensons de la mort n'a d'importance que par ce que la mort nous fait penser de la vie. »

Charles de Gaulle

8

MAI

☀ 6h20 ☀ 21h15

Victoire 1945 • St Désiré

« N'est pas humble celui qui se hait. »

Cioran

9

MAI

6h18 21h17

St Pacôme

« Lorsque vous réfléchissez
à un problème et que vous
n'en trouvez pas la solution,
parlez-en à quelqu'un d'autre. »

Kleist

10

MAI

6h16 21h18

Ste Solange

« Faire de temps en temps
une bonne diète de l'information,
comme un jeûne purificateur,
est probablement un acte de sobriété
des plus bénéfiques. »

Pierre Rabhi

11
MAI

☀ 6h15 ☀ 21h20

Ste Estelle

« Il vit avec les dieux celui qui leur montre une âme contente de la part qui lui est attribuée. »

Marc Aurèle

12

MAI

6h14 21h21

St Achille

« Si j'étais Dieu, je ne souffrirais pas les arrivistes du Ciel. »

Georges Duhamel

13

MAI

☀ 6h12 ☁ 21h22

Ascension • Ste Rolande

« Le bonheur créatif ne surgit que lorsqu'on est riche intérieurement : il n'est l'aboutissement d'aucun système. »

Krishnamurti

14

MAI

☀ 6h11 ☀ 21h24

St Matthias

« La mort, c'est l'affaire des autres, ce n'est pas la nôtre. Et je crois que c'est pour cela que nous parlons toujours de la mort sans y croire, bien que nous sachions tous qu'elle donne sens à notre vie, et que si elle n'était pas au bout, nous ne saurions même pas que nous sommes vivants ! »

Françoise Dolto

15

MAI

☀ 6 h 09 ☀ 21 h 25

Ste Denise

« Ne tente pas de contrôler directement ce que font les gens, mais favorise plutôt leur répugnance à se livrer à des choses licencieuses ou dépravées. »

Lao Tseu

16

MAI

☀ 6 h 08 ☀ 21 h 26

St Honoré

« L'âge de l'état civil n'est pas celui de l'âme. Je pense qu'à la naissance, l'âme a déjà atteint un certain âge qui ne change plus désormais. On peut naître avec une âme de douze ans. Mais on peut naître aussi avec une âme de mille ans. »

Etty Hillesum

17

MAI

6 h 07 21 h 28

St Pascal

« Je ne vous demande ni de croire ni de cesser de croire, ce qui est encore croire. Je vous enjoins de connaître. »

Osho Rajneesh

18

MAI

6 h 06 21 h 29

St Éric

« Pour agir, il faut une forte dose de défauts. Un homme sans défauts n'est bon à rien. »

Jacques Chardonne

19

MAI

6 h 04 21 h 30

St Yves

« Lorsque tu en arrives à la conclusion
qu'il faut faire une chose, fais-la,
et ne cherche pas à t'en cacher,
même si les gens risquent
d'en penser du mal. »

Épictète

20
MAI

6 h 03 21 h 32

St Bernardin

« Celui qui aime à apprendre
est bien près du savoir. »

Confucius

21

MAI

☀ 6 h 02 ☀ 21 h 33

St Constantin

« Il n'y a pas de pire danger que de sous-estimer son ennemi. »

Lao Tseu

22

MAI

6h01 21h34

St Émile

« Il ne s'agit pas de connaître
l'endroit où nous irons après la mort,
il ne s'agit aucunement d'un "après"
dans le temps ou dans l'espace.
Il s'agit d'un au-delà qui est
au-dedans. Cela veut dire
qu'il s'agit de vaincre la mort ici-bas,
dès aujourd'hui. »

Maurice Zundel

23

MAI

☀ 6h00 ☀ 21h35

Pentecôte • St Didier

« Les hommes ont cédé à une sorte d'idolâtrie, s'imaginant que Dieu s'intéressait avant tout à l'espèce humaine. C'est d'une absurdité confondante. Pourquoi Dieu a-t-il créé la guêpe ? Certainement pas pour notre usage. Et les dinosaures ? »

Andrew Linzey

24

MAI

5h59 21h37

Lundi de Pentecôte
St Donatien

« Il faut vivre dans la joie.
Il faut vivre dans l'amour. D'ailleurs,
c'est une seule et même chose. »

Moché de Kobryn

25
MAI

5 h 58 — 21 h 38

Ste Sophie

« Supprime donc en toi toute aversion pour ce qui ne dépend pas de nous, et cette aversion, reporte-la sur ce qui dépend de nous et n'est pas en accord avec la nature. »

Épictète

26
MAI

5 h 57 21 h 39

St Bérenger

« Et Dieu dit : Je me cacherai dans le cœur de l'homme, c'est le seul endroit où il oubliera de me chercher. »

Proverbe indien

27

MAI

5 h 56 21 h 40

St Augustin

« Que de loisir on gagne à ne pas
observer ce que dit le voisin,
ce qu'il fait ou ce qu'il pense,
à voir seulement ses propres actions,
pour qu'elles soient justes, pieuses
et conformes au bien. »

Marc Aurèle

28

MAI

5 h 55 21 h 41

St Germain

« Deviner où portent de petits mots
qu'on nous jette en passant,
et savoir en tirer profit. »

Baltasar Gracian

29

MAI

5h54 21h42

St Aymard

« Une femme saine est comme une louve : robuste, pleine comme un œuf, débordante de vitalité, consciente de son territoire, donneuse de vie, inventive, loyale, bougeant beaucoup. »

Clarissa Pinkola Estés

30

MAI

☀ 5 h 53 ☀ 21 h 43

Fête des mères • St Ferdinand

« Il n'y a rien de plus vivant qu'un être endormi. Complètement dans l'Univers, son intellect est absorbé. »

Alejandro Jodorowski

31

MAI

☀ 5 h 53 ☀ 21 h 44

Visitation

« La conversation familière doit servir d'école d'érudition et de politesse. »

Baltasar Gracian

1er

JUIN

5 h 52 21 h 45

St Justin

« Sur la voie de la compassion,
ne croyez rien sur parole ; ne croyez
que ce qui pour vous est juste,
que ce que vous avez vérifié. »

Jean-Yves Leloup

2

JUIN

5 h 51 21 h 46

Ste Blandine

« Les titres et les fonctions sont secondaires. Ce qui compte dans la relation, c'est ce que nous sommes vraiment ici et maintenant. »

Alejandro Jodorowsky

3

JUIN

5h51 21h47

St Kevin

« La modération est certainement
l'un des moyens qui peuvent
permettre au génie humain
d'être vraiment au service
de l'humain et du vivant. »

Pierre Rabhi

4

JUIN

5 h 50 21 h 48

Ste Clotilde

« Nous croyons naïvement que la réalité est la façon dont nous voyons les choses, quiconque les voit autrement devant par nécessité être méchant ou fou. »

Paul Watzlawick

5

JUIN

☀ 5h49 ☀ 21h49

St Igor

« L'éternité, c'est lorsqu'il ne manque plus rien au présent. »

Boèce

6

JUIN

5 h 49 21 h 50

St Norbert

« La vie offre des possibilités innombrables de faire les choses autrement, des possibilités innombrables de laisser se désagréger les semences de la guerre, là où elles prennent naissance – dans le cœur et dans l'esprit d'êtres humains comme vous et moi. »

Pema Chödrön

7

JUIN

☀ 5 h 48 ☀ 21 h 51

St Gilbert

« Parler rarement est conforme à la nature. Un tourbillon ne dure pas toute la matinée. Une averse ne dure pas toute la journée. »

Lao Tseu

8

JUIN

☀ 5 h 48 ☀ 21 h 51

St Médard

« Coller à cette incertitude, acquérir le talent de se détendre au milieu du chaos, apprendre à ne pas être pris de panique, c'est ça la voie spirituelle. »

Pema Chödrön

9

JUIN

5 h 48 21 h 52

Ste Diane

« Le brin de paille se figure que c'est contre lui que la mer s'agite. »

Proverbe persan

10

JUIN

5 h 47 21 h 53

St Landry

« Si Dieu pouvait tout à coup être condamné à vivre la vie qu'il inflige à l'homme, il se tuerait. »

Alexandre Dumas fils

11

JUIN

5 h 47 21 h 53

St Barnabé

« Comment t'es-tu comporté jusqu'ici avec les dieux, avec tes parents, avec tes frères, avec ta femme, avec tes maîtres, avec ceux qui t'ont élevé, avec tes amis, avec tes proches, avec tes serviteurs ? »

Marc Aurèle

12
JUIN

5 h 47 21 h 54

St Guy

« Les pires injures : “Je ne vous oublie pas… Soyez sûr de ma fidélité… vous êtes un type très bien, je le disais encore l’autre jour à X…”. »

Georges Perros

13

JUIN

5 h 47 21 h 55

St Antoine de Padoue

« C'est une question de propreté :
il faut changer d'avis,
comme de chemise. »

Jules Renard

14
JUIN

5 h 47 21 h 55

St Élisée

« Si tu te lances dans une entreprise qui dépasse tes forces, non seulement tu te conduis comme un idiot, mais tu négliges d'accomplir ce qui était dans tes possibilités. »

Épictète

15

JUIN

5 h 46 21 h 56

Ste Germaine

« Dieu ne fait qu'ébaucher l'homme, c'est sur la Terre que chacun se crée. »

Proverbe bamiléké

16
JUIN

5 h 46 21 h 56

St Jean-François

« Aie le courage d'assumer
la singularité de ta vie.
Tu n'as pas à être prisonnier
des schémas imposés. »

Anselm Grün

17
JUIN

5 h 46 21 h 57

St Hervé

« Il existe une explication évidente
aux sentiments d'hostilité,
dans beaucoup de cas du moins ;
c'est que les personnes qui éprouvent
ces sentiments ne sont ni heureuses
ni satisfaites de leur sort
ou de leurs conditions de vie. »

Melanie Klein

18

JUIN

5 h 46 21 h 57

St Léonce

« La démesure, ça peut être aussi simple que de sourire à son voisin dans le métro, s'abstenir de planifier sans arrêt, ou se rendre compte que sa vie – et le sens de sa vie – ne se réduit pas au nombre de choses qui ont bien marché ou qui ont raté. »

Sakyong Mipham

19

JUIN

5h47 21h57

St Romuald

« Le mariage, c'est l'art pour deux personnes de vivre ensemble aussi heureuses qu'elles auraient vécu chacune de leur côté. »

Georges Feydeau

20

JUIN

5 h 47 21 h 57

Fête des pères • St Silvère

« Ceux qui aiment marcher en rangs sur une musique, ce ne peut être que par erreur qu'ils ont reçu un cerveau, une moelle épinière leur suffirait amplement. »

Albert Einstein

21

JUIN

5h47 21h58

Été • St Gonzague

« Nous sommes des créatures tellement mobiles que les sentiments que nous feignons, nous finissons par les éprouver. »

Benjamin Constant

22

JUIN

☀ 5 h 47 ☀ 21 h 58

St Alban

« Tous ces vains discours d'appareil,
qui ne contiennent que des phrases,
sont comme le feu de la Saint-Jean,
allumé le jour de l'année où l'on
a le moins besoin de se chauffer. »

Voltaire

23

JUIN

5 h 47 21 h 58

Ste Audrey

« Il n'y a de bonheur possible pour personne sans le soutien du courage. »

Alain

24

JUIN

☀ 5 h 48 ☀ 21 h 58

Fête nationale québécoise
St Jean-Baptiste

« Qui prend conscience de son erreur
ne commet plus d'erreur. »

Lao Tseu

25

JUIN

5h48 21h58

St Prosper

« Tu as vu ceci ? Vois aussi cela.
Ne te trouble pas ; fais-toi plus simple.
Quelqu'un commet une faute ?
C'est contre lui qu'il la commet. »

Marc Aurèle

26

JUIN

☀ 5 h 48 ☀ 21 h 58

St Anthelme

« La prépondérance donnée
à l'intellect au détriment de
l'intelligence des mains, auxquelles
nous devons pourtant notre évolution,
est une catastrophe qui fait
de nous des infirmes. »

Pierre Rabhi

27

JUIN

5 h 49 21 h 58

St Fernand

« Nous voulons être riches ; et plus nous le sommes, plus nous devenons brutaux, même lorsqu'il nous arrive de donner de grosses sommes d'argent à des œuvres de charité et d'éducation. »

Krishnamurti

28
JUIN
5 h 49 21 h 58
St Irénée

« C'est beaucoup d'être admiré, mais c'est encore plus d'être aimé. »

Baltasar Gracian

29

JUIN

☀ 5 h 50 ☀ 21 h 58

St Pierre, St Paul

« Le don constant
est une attitude aussi monstrueuse
que l'avarice constante. »

Alejandro Jodorowski

30

JUIN

5 h 50 21 h 58

St Martial

« Quels sont les signes du progrès ? Le corps, la parole et l'esprit gagnent en douceur. De temps à autre, nous sommes capables de supporter les difficultés sans nous plaindre. »

Sakyong Mipham

1er

JUILLET

☀ 5 h 51 ☀ 21 h 58

Fête nationale canadienne
St Thierry

« D'ordinaire, la nature nous épargne le meilleur, afin que nous ayons recours à l'art. Sans l'art, le meilleur naturel est en friche. »

Baltasar Gracian

2

JUILLET

5 h 52 21 h 57

St Martinien

« En entrant dans certains états, nous créons notre propre enfer. C'est aussi en entrant dans d'autres états que nous créons notre propre paradis. »

Alejandro Jodorowski

3

JUILLET

☀ 5 h 52 ☀ 21 h 57

St Thomas

« Si nous ne pensons qu'au résultat, qu'au fruit, avec notre conscience personnelle, nous ne pouvons nous concentrer ni laisser sortir notre pleine énergie. »

Taisen Deshimaru

4

JUILLET

5 h 53 21 h 57

St Florent

« Les problèmes ne surgissent que si nous tentons de manipuler une situation à notre profit ou de l'escamoter. »

Chögyam Trungpa

5

JUILLET

5 h 54 21 h 56

St Antoine

« Il est clair que seul l'être qui existe
d'une manière authentique
est capable de nous émouvoir
et de nous transformer. »

Maurice Zundel

6

JUILLET

☀ 5 h 54 ☀ 21 h 56

Ste Mariette

« Celui qui regarde vers l'extérieur rêve. Celui qui tourne son regard vers l'intérieur s'éveille. »

Carl Gustav Jung

7

JUILLET

5 h 55 21 h 55

St Raoul

« Qui se conduit avec légèreté perdra le principe de son autorité. Qui s'agite perdra la maîtrise de soi. »

Lao Tseu

8

JUILLET

5 h 56 21 h 55

St Thibault

« Si la mort est si terrible pour l'immense majorité des gens civilisés, c'est en réalité que l'immense majorité des hommes ne sont pas encore des vivants. »

Maurice Zundel

9

JUILLET

☀ 5 h 57 ☀ 21 h 54

Ste Amandine

« Admettons que nos désirs soient rois et que nous puissions conserver tout ce que nous aimons : il n'y aurait plus que nous. »

Bertrand Vergely

10

JUILLET

☀ 5 h 58 ☀ 21 h 54

St Ulrich

« Tout comme tu fais attention, en te promenant, à ne pas marcher sur un clou et à ne pas te tordre la cheville, fais attention aussi à ne pas faire de mal à ce qui dirige ton âme. »

Épictète

11

JUILLET

5 h 59 21 h 53

St Benoît, Ste Olga

« La sérénité ne peut être atteinte que par un esprit désespéré, il faut avoir beaucoup vécu et aimer encore le monde. »

Blaise Cendrars

12

JUILLET

☀ 6 h 00 ☀ 21 h 52

St Olivier

« Rien d'heureux ni de malheureux
ne nous advient jamais dont
nous n'ayons préparé le nid. »

Christiane Singer

13

JUILLET

☀ 6 h 01 ☀ 21 h 51

St Henri, St Joël

« Le patriotisme, c'est l'amour des siens. Le nationalisme, c'est la haine des autres. »

Romain Gary

14

JUILLET

6 h 02 21 h 51

Fête nationale française
St Camille

« Dans tes rapports avec tous, as-tu jusqu'ici suivi le dicton : "Ne faire de mal à personne et n'en point dire" ? »

Marc Aurèle

15

JUILLET

6 h 03 21 h 50

St Basile

« Peut-on être innocent,
lorsqu'on aime un coupable ? »

Cyrano de Bergerac

16

JUILLET

6 h 04 21 h 49

Notre-Dame du Mont Carmel

« Le bonheur n'est possible que s'il devient réel, au lieu de n'être qu'un rêve, afin d'être vivant. Aussi doit-il accepter d'être moins grand. »

Bertrand Vergely

17

JUILLET

6h05 21h48

Ste Charlotte

« Dis-moi ce que tu crois être
et je te dirai ce que tu n'es pas. »

Henri-Frédéric Amiel

18

JUILLET

☀ 6h06 ☀ 21h47

St Frédéric

« Aussi bien le grand danger
pour nous ce n'est pas ce qui
pourra se passer après la mort.
Le grand danger est ce qui
se passe avant la mort ! »

Maurice Zundel

19

JUILLET

☀ 6 h 07 ☀ 21 h 46

St Arsène

« Le jeu du moi consiste à ignorer ce qui se passe réellement dans une situation. Avec acharnement, vous voulez la voir de votre point de vue à vous plutôt que de voir ce qui se passe réellement. »

Chögyam Trungpa

20

JUILLET

☀ 6 h 08 ☀ 21 h 45

Ste Marina

« Donner avec ostentation, ce n'est pas très joli, mais ne rien donner avec discrétion, ça ne vaut guère mieux. »

Pierre Dac

21

JUILLET

6h09 21h44

Fête nationale belge
St Daniel, St Victor

« Les paroles vraies ne sont pas agréables ; les paroles agréables ne sont pas vraies. »

Lao Tseu

22

JUILLET

☀ 6h11 ☀ 21h43

Ste Marie-Madeleine

« Un enfant prodige, c'est un enfant dont les parents ont beaucoup d'imagination. »

Jean Cocteau

23

JUILLET

6h12 21h42

Ste Brigitte

« C'est la marque d'un naturel débile que de s'attarder aux choses du corps, comme de passer trop de temps à prendre de l'exercice, à manger, à boire, à faire ses besoins, à copuler. Tout cela, il faut le faire comme en passant. »

Épictète

24

JUILLET

☀ 6h13 ☀ 21h40

Ste Christine

« Il y a deux choses inadmissibles sur la Terre, la mort et les impôts. Mais j'aurais dû citer en premier les impôts. »

Sacha Guitry

25

JUILLET

6 h 14 21 h 39

St Jacques

« Toute vérité n'est pas bonne à croire. »

Beaumarchais

26

JUILLET

6 h 15 21 h 38

Ste Anne, St Joachim

« Un guerrier accepte son sort, quel qu'il soit, et le fait avec une humilité profonde. Il accepte humblement ce qu'il est, non pas avec résignation mais comme un défi vivant. »

Carlos Castaneda

27

JUILLET

☀ 6h17 ☀ 21h37

Ste Nathalie

« Vous découvrez que vous avez quelque chose à donner plutôt que de toujours avoir à demander à autrui, de toujours chercher à saisir. »

Chögyam Trungpa

28

JUILLET

6h18 21h35

St Samson

« Ne pas vivre comme si tu devais vivre mille ans. La nécessité est suspendue sur toi. Tant que tu vis, tant que cela t'est permis, améliore-toi. »

Marc Aurèle

29

JUILLET

☀ 6h19 ☀ 21h34

Ste Marthe

« Vous pensez qu'avant votre naissance vous n'étiez pas là. Mais comment vous est-il possible d'apparaître dans ce monde s'il n'y a pas de vous ? Parce que vous êtes déjà là, vous pouvez apparaître dans le monde. »

Shunryu Suzuki

30

JUILLET

6 h 21 21 h 33

Ste Juliette

« C'est faire un homme sage
de ne parler jamais en superlatifs,
car cette manière de parler blesse
toujours, ou la vérité,
ou la prudence. »

Baltasar Gracian

31

JUILLET

6 h 22 21 h 31

St Ignace de Loyola

« Mourir, ce n'est rien.
Commence donc par vivre.
C'est moins drôle et plus long. »

Jean Anouilh

1er

AOÛT

6 h 23 21 h 30

Fête nationale suisse
St Alphonse

« Le *comment* fait beaucoup en toutes choses. Une belle manière supplée à tout, elle dore le refus, elle adoucit ce qu'il y a d'aigre dans la vérité ; elle ôte ses rides à la vieillesse. »

Baltasar Gracian

2

AOÛT

6 h 25 21 h 28

St Julien

« Sans la patience, on ne réalise rien.
Il faut avancer tranquillement ;
les choses finiront par arriver. »

Alejandro Jodorowsky

3

AOÛT

6 h 26 21 h 27

Ste Lydie

« Le désir qui pose problème est celui qui embellit les qualités positives d'un objet, d'une personne, d'un lieu ou d'une idée et s'accroche à cet objet. »

Thubten Chödrön

4

AOÛT

6 h 27 21 h 25

St Jean-Marie Vianney

« Il est impossible que vous aimiez
votre partenaire à un moment
et l'agressiez l'instant d'après.
L'amour vrai n'a pas d'ennemi. »

Eckhart Tolle

5
AOÛT

6 h 29 — 21 h 24

St Abel

« Quand on me parle d'une femme cultivée, je l'imagine avec des carottes dans les oreilles et du cerfeuil entre les doigts de pied. »

Sacha Guitry

6

AOÛT

6 h 30 21 h 22

St Octavien

« Il n'y a pas de bonheur parfait ! dit l'homme quand sa belle-mère mourut et qu'on lui présenta la note des pompes funèbres. »

Jerome K. Jerome

7

AOÛT

6 h 31 21 h 21

St Gaétan

« La vérité ne se révèle
que lorsque nous cessons de spéculer
et de nous tourmenter. »

Pierre Rabhi

8

AOÛT

6h33 21h19

St Dominique

« Si vous pouviez porter vos regards sur l'être le plus cruel, le plus impitoyable pendant son sommeil et au moment où il s'éveille, vous verriez en lui, durant quelques instants, l'innocence même de l'enfance. »

Clarissa Pinkola Estés

9

AOÛT

6 h 34 21 h 17

St Amour

« Bien marcher, c'est marcher sans laisser de trace. Bien parler, c'est parler sans commettre de fautes et sans encourir de reproches. Bien fermer, c'est fermer sans verrous et pourtant sans que personne ne puisse ouvrir. »

Lao Tseu

10

AOÛT

6h36 21h16

St Laurent

« La terre est prodigue de provisions
et ses nourritures sont aimables ;
elle dépose sur vos tables des choses
qui ne réclament ni le sang ni la mort.
Hélas, quelle méchanceté que de faire
avaler de la chair par notre propre
chair ! »

Ovide

11
AOÛT

6 h 37 21 h 14

Ste Claire

« Ne va pas penser que si une chose est difficile à comprendre pour toi, elle est incompréhensible pour tout homme ; mais si une chose est possible et familière à un homme, crois bien aussi que tu peux l'atteindre. »

Marc Aurèle

12

AOÛT

6 h 38 21 h 12

Ste Clarisse

« Si vous ne réussissez pas à vous sentir bien avec vous-même quand vous êtes seul, vous chercherez à établir une relation avec une autre personne pour masquer le malaise. Mais vous pouvez être sûr que le malaise refera surface et que vous en rendrez probablement votre partenaire responsable. »

Eckhart Tolle

13

AOÛT

6h40 21h10

St Hippolyte

« La plus belle chose que nous puissions éprouver, c'est le mystère des choses. »

Albert Einstein

14

AOÛT

☀ 6h41 ☀ 21h09

St Évrard

« Meurs pour ne pas mourir !
Dissous ton ego, ton moi individuel !
Seule existe la mort de l'individu.
La totalité, la Vie n'a pas de fin.
Pour être éternel, crève en tant qu'ego. »

Alejandro Jodorowski

15
AOÛT

☀ 6 h 43 ☀ 21 h 07

Assomption • Ste Marie

« Le problème de la responsabilité
n'aurait de sens que si on nous avait
consultés avant notre naissance
et que nous eussions
consenti à être précisément
celui que nous sommes. »

Cioran

16
AOÛT

6 h 44 21 h 05

St Armel

« Si tu veux reconnaître tes pensées de la veille, regarde ton corps d'aujourd'hui. Si tu veux savoir ce que sera ton corps demain, regarde tes pensées d'aujourd'hui. »

Proverbe indien

17

AOÛT

6 h 45 21 h 03

Ste Jeanne

« Pourquoi l'homme fut-il créé le dernier jour ? Pour que, si l'orgueil le prend, on puisse lui dire : dans la Création, le moustique t'a précédé. »

Midrash Rabba sur la Genèse

18

AOÛT

☀ 6h47 ☀ 21h01

Ste Hélène

« J'ai la faiblesse de penser qu'en général, la méchanceté n'est pas une preuve d'intelligence. »

René Goscinny

19

AOÛT

6 h 48 20 h 59

St Jean Eudes

« Il faut l'avouer, l'amour est un grand maître. Ce qu'on ne fut jamais, il nous enseigne à l'être. »

Molière

20

AOÛT

6 h 50 20 h 58

St Bernard

« Les êtres humains sont intimement convaincus que l'eau constitue l'essence des océans et des rivières. Mais ils ignorent ce que dragons et poissons perçoivent dans l'eau et ce qu'ils en font. Ne supposez pas stupidement que ce que vous reconnaissez comme l'eau est utilisé de la même manière par tous les êtres. »

Maître Dôgen

21
AOÛT

6 h 51 20 h 56

St Christophe

« Face à quelqu'un qui te fait du
tort par sa conduite ou ses propos,
souviens-toi que s'il agit ainsi,
c'est qu'il pense avoir raison. Il ne lui
est pas possible de régler sa conduite
sur ta façon de penser : c'est la sienne
qui le guide, et si elle est erronée,
il se fait du tort à soi-même
en demeurant dans son erreur. »

Épictète

22

AOÛT

6 h 52 20 h 54

St Fabrice

« Nous cherchons toujours à jeter un pont entre ce qui est et ce qui devrait être ; et par là même donnons naissance à un état de contradiction et de conflit où se perdent toutes nos énergies. »

Krishnamurti

23

AOÛT

6 h 54 20 h 52

Ste Rose

« Est-il plus agaçant que les honnêtes gens qui parlent sans cesse de leur honnêteté ? Vivent les coquins, qui sont muets sur leurs coquineries. »

Paul Léautaud

24

AOÛT

6 h 55 20 h 50

St Barthélemy

« Qui commet une erreur et pour se défendre avance mille excuses commet mille et une erreurs. »

Avicenne

25

AOÛT

6 h 57 20 h 48

St Louis

« Dans le monde où l'on vit,
la souffrance est constante.
On n'a pas raté sa vie
parce qu'on souffre. »

Sakyong Mipham

26
AOÛT

6 h 58 · 20 h 46

Ste Natacha

« Le Maître dirige en vidant l'esprit des gens et en remplissant leur cœur, en affaiblissant leur ambition et en renforçant leur courage. Il aide chacun à perdre tout ce qu'il sait, tout ce qu'il désire, et crée la confusion chez ceux qui pensent savoir. »

Lao Tseu

27
AOÛT

7 h 00 20 h 44

Ste Monique

« Le célibataire vit comme un roi
et meurt comme un chien, alors que
l'homme marié vit comme un chien
et meurt comme un roi. »

Jean Anouilh

28

AOÛT

7h01 20h42

St Augustin

« Nie l'opinion, et "on m'a fait tort" se trouve nié. Nie "l'on m'a fait tort", et c'est le tort qui se trouve nié. »

Marc Aurèle

29

AOÛT

7 h 02 20 h 40

Ste Sabine

« Rien n'est beau que le vrai, dit un vers respecté. Et moi, je lui réponds sans crainte d'un blasphème :
Rien n'est vrai que le beau ; rien n'est vrai sans beauté. »

Alfred de Musset

30

AOÛT

7 h 04 20 h 38

St Fiacre

« Nous avons coutume de haïr gratuitement, c'est-à-dire avant même que de savoir quel est celui que nous haïssons. »

Baltasar Gracian

31

AOÛT

7 h 05 — 20 h 36

St Aristide

« Oserais-je exposer ici la plus grande, la plus importante, la plus utile règle de toute l'éducation ? Ce n'est pas de gagner du temps, c'est d'en perdre. »

Jean-Jacques Rousseau

1er

SEPTEMBRE

7 h 07 20 h 34

St Gilles

« Le fin joueur ne joue jamais
la carte qu'attend son adversaire,
encore moins celle qu'il désire. »

Baltasar Gracian

2

SEPTEMBRE

7h08 20h32

Ste Ingrid

« Dans l'ensemble, nous vivons tous des problèmes difficiles et parfois même terriblement douloureux qui ne sont que le fruit de notre imagination. »

Alejandro Jodorowsky

3

SEPTEMBRE

7h09 20h30

St Grégoire

« Ne retournent à l'éternité que ceux qui l'ont cherchée sur terre. »

Khalil Gibran

4

SEPTEMBRE

☀ 7 h 11 ☀ 20 h 28

Ste Rosalie

« Qui ne profite pas de la vie deviendra, un jour ou l'autre, invivable. »

Proverbe anonyme

5

SEPTEMBRE

7h12 20h26

Ste Raïssa

« Ce n'est pas le doute,
c'est la certitude qui rend fou. »

Friedrich Nietzsche

6

SEPTEMBRE

7h14 20h23

St Bertrand

« Ce que la chenille appelle la mort, le papillon l'appelle renaissance. »

Violette Lebon

7

SEPTEMBRE

7h15 20h21

Ste Reine

« Qui veut réduire quelqu'un doit d'abord le grandir. Qui veut affaiblir quelqu'un doit d'abord le renforcer. Qui veut éliminer quelqu'un doit d'abord l'exalter. Qui veut supplanter quelqu'un doit d'abord lui faire des concessions. »

Lao Tseu

8

SEPTEMBRE

7h17 20h19

St Adrien

« Pour critiquer les gens il faut les connaître, et pour les connaître, il faut les aimer. »

Coluche

9

SEPTEMBRE

7h18 20h17

St Alain

« Quelque sublimes que puissent être nos idées, nous les prenons trop au sérieux et nous en servons pour maintenir notre ego. »

Chögyam Trungpa

10

SEPTEMBRE

7h19 20h15

Ste Inès

« Il ne faut jamais faire que
les sottises qui vous plaisent. »

Prosper Mérimée

11

SEPTEMBRE

7 h 21 20 h 13

St Adelphe

« Si, dans une assemblée
de profanes, la conversation tombe
sur un sujet philosophique,
d'une manière générale, abstiens-toi
d'intervenir : tu risquerais fort
de recracher des bribes de savoir
mal digéré. »

Épictète

12
SEPTEMBRE

7 h 22 20 h 11

St Apollinaire

« La création en acte n'est qu'une succession d'accidents, de rencontres accidentelles auxquelles l'artiste doit répondre. »

Henri Darasse

13
SEPTEMBRE

7 h 24 20 h 09

St Aimé

« Si l'on peut me convaincre et me montrer que je juge ou que j'agis à tort, je serai content de changer ; car je cherche la vérité, qui ne peut être un dommage pour personne. »

Marc Aurèle

14

SEPTEMBRE

7 h 25 20 h 07

Croix glorieuse

« Vous dites souvent : "Je donnerai, mais seulement à ceux qui le méritent." Les arbres de votre verger ne parlent pas ainsi, ni les troupeaux dans vos pâturages. Ils donnent afin de vivre, car retenir c'est périr. »

Khalil Gibran

15

SEPTEMBRE

7 h 26 20 h 04

St Roland

« On n'est pas vieux
tant que l'on cherche. »

Jean Rostand

16

SEPTEMBRE

7 h 28 — 20 h 02

Ste Édith

« Je crois avec ce fou de Calvin qu'on est prédestiné au salut ou à la réprobation dans le ventre de sa mère. On a déjà vécu sa vie avant de naître. »

Cioran

17

SEPTEMBRE

7 h 29 20 h 00

St Renaud

« L'optimiste est un imbécile heureux et le pessimiste un imbécile triste. »

Georges Bernanos

18

SEPTEMBRE

7 h 31 19 h 58

Ste Océane

« Le Maître ne prend pas parti,
il accueille les pêcheurs
comme les saints. »

Lao Tseu

19

SEPTEMBRE

7 h 32 19 h 56

Ste Émilie

« Voulez-vous qu'on croie du bien de vous ? N'en dites pas. »

Blaise Pascal

20

SEPTEMBRE

☀ 7 h 34 ☀ 19 h 54

St Jean-Charles

« Créer une relation durable exige un discernement constant. Cela signifie réfléchir à ce qu'on est prêt à donner avant de se demander ce qu'on peut retirer de la situation. »

Sakyong Mipham

21
SEPTEMBRE

☀ 7h35 ☀ 19h52

St Matthieu

« Si tu veux que la vérité apparaisse évidente à tes yeux, ne sois jamais pour, ni contre. La lutte entre le "pour" et le "contre" est la pire maladie de l'esprit. »

Maître Sosan

22

SEPTEMBRE

7 h 36 19 h 49

Automne • St Maurice

« Le mariage est une comédie
et je n'ai pas le génie de Molière. »

Sacha Guitry

23

SEPTEMBRE

7 h 38 19 h 47

St Constant

« L'homme le plus heureux est celui qui fait le bonheur d'un plus grand nombre d'autres. »

Diderot

24

SEPTEMBRE

☀ 7h39 ☀ 19h45

St Anatole

« Qu'est-ce que l'humanité, sinon une expansion de l'incompréhensible ? »

D. H. Lawrence

25

SEPTEMBRE

7h41 19h43

St Hermann

« Acquérir la patience et l'intrépidité, cela veut dire apprendre à s'asseoir, immobile, avec l'irritation que crée cette énergie gênante. »

Pema Chödrön

26

SEPTEMBRE

7 h 42 19 h 41

St Côme, St Damien

« Le hasard n'arrive qu'à celui qui est bien préparé. »

Spinoza

27

SEPTEMBRE

7h44 19h39

St Vincent de Paul

« Toute expérience humaine
est un trip sur quelque chose.
Que nous nous considérions sobres
ou non, nous sommes constamment
ivres, ivres d'une chose
ou d'une autre, ivres d'imagination
ou ivres de conflits. »

Chögyam Trungpa

28

SEPTEMBRE

☀ 7h45 ☀ 19h37

St Venceslas

« N'estime jamais utile pour toi ce qui peut te forcer un jour à transgresser la parole donnée, à abandonner le respect de toi-même, à haïr, à soupçonner, à maudire, à feindre, à avoir des désirs qui exigent l'abri des murs de ta maison. »

Marc Aurèle

29

SEPTEMBRE

7h47 19h35

St Gabriel, St Michel

« Plus on a de fond et plus on est homme. Le dedans doit toujours valoir une fois de plus que ce qui paraît dehors. Il y a des gens qui n'ont que la façade. »

Baltasar Gracian

30

SEPTEMBRE

7 h 48 19 h 32

St Jérôme

« Un esprit médiocre qui s'applique va plus loin qu'un esprit sublime qui ne s'applique pas. »

Baltasar Gracian

1er
OCTOBRE

☀ 7 h 49 ☀ 19 h 30

Ste Thérèse de l'Enfant-Jésus

« La pitié peut impliquer une tendance à mépriser l'objet de notre compassion, à éprouver un sentiment de supériorité. Aimer les autres est le contraire. »

Dalaï Lama

2

OCTOBRE

☀ 7h51 ☀ 19h28

St Léger

« L’enfant peut t’apprendre trois choses : il est joyeux sans raison, il ne reste pas inoccupé un seul instant ; quand il veut quelque chose, il l’exige avec force. »

Dov Bær de Mezeritch

3

OCTOBRE

7 h 52 19 h 26

St Gérard

« Il faudrait essayer d'être heureux, ne serait-ce que pour donner l'exemple. »

Jacques Prévert

4

OCTOBRE

7 h 54 19 h 24

St François d'Assise

« Généralement, on nous a appris à nous minimiser. »

Alejandro Jodorowsky

5

OCTOBRE

☀ 7h55 ☀ 19h22

Ste Fleur

« Ce n'est certes pas la vieillesse
qui nous détruit, mais l'image
que nous nous en sommes faite. »

Christiane Singer

6

OCTOBRE

7 h 57 19 h 20

St Bruno

« Un homme maître de lui est un homme capable de détourner à volonté ses sens et son mental de tout objet qu'il choisit et de les fixer partout où il estime qu'il est convenable de le faire. »

Chandra Swami

7

OCTOBRE

☀ 7h58 ☀ 19h18

St Serge

« Il n'y a pas de plus grand crime que d'approuver ses désirs. Il n'y a pas de plus grand malheur que de ne pas savoir se contenter. Il n'y a pas de plus grosse erreur que de ne pas savoir se contenter. »

Lao Tseu

8

OCTOBRE

8h00 19h16

Ste Pélagie

« On peut regretter les meilleurs temps, mais non pas fuir aux présents. »

Montaigne

9

OCTOBRE

☀ 8h01 ☀ 19h14

St Denis

« Le désir sexuel recherche la fusion et ne se réduit nullement à un appétit physique, à la décharge d'une tension pénible. »

Erich Fromm

10

OCTOBRE

☀ 8h03 ☀ 19h12

St Hugo

« Je ne peux rien pour faire changer
les autres. Mais chose étrange,
quand je change moi-même,
ils changent à leur tour. »

Carl Rogers

11

OCTOBRE

8h04 19h10

St Firmin

« La mort, c'est un peu
comme la connerie. Le mort, lui,
il ne sait pas qu'il est mort…
ce sont les autres qui sont tristes.
Le con c'est pareil… »

Philippe Geluck

12
OCTOBRE

☀ 8 h 06 ☀ 19 h 08

St Wilfried

« Qui veut faire quelque chose trouve un moyen. Qui ne veut rien faire trouve une excuse. »

Proverbe arabe

13

OCTOBRE

8h07 19h06

St Géraud

« Comme il est cruel de ne pas permettre aux hommes de se porter vers ce qui leur paraît convenable et utile ! Et pourtant, en ce sens, tu ne leur donnes pas cette permission, lorsque tu t'irrites de leurs fautes. »

Marc Aurèle

14

OCTOBRE

8h09 19h04

St Céleste

« En chacun de nous existe un autre être que nous ne connaissons pas. Il nous parle à travers le rêve et nous fait savoir qu'il nous voit bien différent de ce que nous croyons être. »

Carl Gustav Jung

15

OCTOBRE

☀ 8h10 ☀ 19h02

Ste Thérèse d'Avila

« Attitude et caractère de l'homme ordinaire : il n'attend rien, en bien ou en mal, de soi-même, et tout des circonstances extérieures. »

Épictète

16

OCTOBRE

8h12 19h00

Ste Edwige

« Attitude et caractère du philosophe : il attend tout, en bien comme en mal, de soi-même. »

Épictète

17

OCTOBRE

☀ 8h13 ☀ 18h58

St Baudouin

« Signe distinctif de l'homme en progrès : il ne blâme personne, ne loue personne, ne reproche rien à personne, n'accuse personne. »

Épictète

18

OCTOBRE

8h15 18h56

St Luc

« En cet âge sombre, le doute
– dont procède le manque
de courage – se manifeste de façon
prédominante à travers l'idée
que ne pas être attentif et conscient
est en quelque sorte plaisant. »

Sakyong Mipham

19

OCTOBRE

8h16 18h54

St René

« Nous courons tout le temps, même pendant notre sommeil. Nous courons parce que notre peur de tout perdre nous poursuit. »

Thich Nhat Hanh

20

OCTOBRE

☀ 8h18 ☀ 18h52

Ste Adeline

« Le sage est celui qui s'étonne de tout. »

William Hazlitt

21

OCTOBRE

8 h 20 18 h 50

Ste Céline

« La jalousie est le plus grand de tous les maux, et celui qui fait le moins de pitié aux personnes qui le causent. »

François de La Rochefoucauld

22

OCTOBRE

8h21 18h48

Ste Élodie

« Le pessimisme peut être très meurtrier. L'habitude de se faire du souci à propos de tout problème ou de ne voir que le mauvais côté d'une situation ne laisse guère de place à la guérison. »

Tulku Thondup

23

OCTOBRE

8h23 18h47

St Jean de Capistran

« Dans une société établie sur l'esprit de compétition, il ne peut y avoir de fraternité. »

Krishnamurti

24

OCTOBRE

8h24 18h45

St Florentin

« On a besoin de patience
avec tout le monde,
mais particulièrement
avec soi-même. »

Saint François de Sales

25
OCTOBRE

☀ 8h26 ☀ 18h43

St Crépin

« Lorsque tu te satisfais
d'être simplement toi-même
et ne te compares ni ne te mets
en compétition, tout le monde
te respecte. »

Lao Tseu

26
OCTOBRE

☀ 7 h 27 ☀ 17 h 41

St Dimitri

« Les convictions sont des prisons. »

Friedrich Nietzsche

27

OCTOBRE

☀ 7 h 29 ☀ 17 h 39

Ste Émeline

« Ne fais rien malgré toi ; n'agis pas en égoïste et sans réflexion ; ne te laisse pas tirailler ; n'use pas de finesse pour faire valoir des droits ; ne sois ni bavard ni affairé. »

Marc Aurèle

28

OCTOBRE

7 h 30 17 h 38

St Jude

« Il faut être tel que l'on n'ait pas de quoi rougir devant soi-même. »

Baltasar Gracian

29

OCTOBRE

7 h 32 17 h 36

St Narcisse

« On baigne dans l'état d'homme ordinaire par peur d'appréhender tout ce qui est trop bas ou trop haut en nous. »

Alejandro Jodorowski

30

OCTOBRE

7h34 17h34

Ste Bienvenue

« Quand on ne sait pas ce qu'est la vie, comment pourrait-on savoir ce qu'est la mort ? »

Confucius

31

OCTOBRE

7h35 17h32

St Quentin

« Il est dommage que le temps passé
à essayer de savoir s'il existe une vie
après la mort ne soit pas consacré
à comprendre ce qu'est la vie. »

Pierre Rabhi

1er

NOVEMBRE

7 h 37 17 h 31

Toussaint

« Il est aussi difficile d'avoir toutes les perfections qu'il est aisé d'en avoir l'idée. »

Baltasar Gracian

2

NOVEMBRE

7 h 38 17 h 29

Défunts

« Nous devons tous répondre à ces questions. Subissons-nous ce qui nous arrive ? Sommes-nous la tempête ou sommes-nous le ciel bleu dans lequel la tempête fait rage ? »

Alejandro Jodorowsky

3

NOVEMBRE

7 h 40 17 h 28

St Hubert

« Tu dois devenir l'homme que tu es. Fais ce que toi seul peux faire. Deviens sans cesse celui que tu es, sois le maître et le sculpteur de toi-même. »

Friedrich Nietzsche

4

NOVEMBRE

7 h 42 17 h 26

St Charles

« Toute la tristesse et les drames auxquels vous avez été confrontés dans votre vie proviennent de cette habitude de faire des suppositions, de prêter des intentions à autrui et de prendre les choses personnellement. »

Don Miguel Ruiz

5

NOVEMBRE

7 h 43 17 h 24

Ste Sylvie

« Que l'on passe sa vie à rire
ou à pleurer ne modifie pas la durée
de la vie. »

Proverbe japonais

6

NOVEMBRE

☀ 7 h 45 ☀ 17 h 23

St Léonard

« Être bon à l'égard des bons et bon aussi envers ceux qui ne le sont pas, c'est posséder la bonté même. »

Lao Tseu

7

NOVEMBRE

7 h 46 17 h 21

Ste Karine

« Le bonheur n'est pas le but,
mais le moyen de la vie. »

Paul Claudel

8

NOVEMBRE

7h48 17h20

St Geoffroy

« Le racisme n'est pas une opinion, c'est un délit. »

Guy Bedos

9

NOVEMBRE

☀ 7h50 ☀ 17h19

St Théodore

« Ce n'est pas la mort,
mais le risque d'être vivant
et d'exprimer qui l'on est vraiment
qui suscite la peur la plus importante.
Être simplement soi-même,
voilà ce qu'on redoute le plus. »

Don Miguel Ruiz

10

NOVEMBRE

7h51 17h17

St Léon

« Qui n'aime pas la paix trouve assez de raisons pour faire la guerre. »

Proverbe danois

11

NOVEMBRE

7h53 17h16

Armistice 1918 • St Martin

« Il ne faut point juger
les hommes par ce qu'ils ignorent,
mais par ce qu'ils savent et
par la manière dont ils le savent. »

Vauvenargues

12

NOVEMBRE

7h54 17h15

St Christian

« Chaque homme cache en lui un enfant qui veut jouer. »

Friedrich Nietzsche

13

NOVEMBRE

7h56 17h13

St Brice

« De tous les plaisirs,
quand il n'en reste plus, il reste
toujours celui de se lever de table
après un repas ennuyeux. »

Paul Claudel

14

NOVEMBRE

7 h 57 17 h 12

St Sidoine

« La différence fondamentale entre un homme ordinaire et un guerrier, c'est que le guerrier prend tout comme un défi, tandis que l'homme ordinaire prend les choses soit comme une bénédiction, soit comme une malédiction. »

Carlos Castaneda

15

NOVEMBRE

7h59 17h11

St Albert

« Il est honteux,
dans les circonstances où ton corps
ne se fatigue pas, que ton âme
se fatigue la première. »

Marc Aurèle

16

NOVEMBRE

8h01 17h10

Ste Marguerite

« Se protéger ne conduit à aucune création, pas plus que l'égoïsme ne permet de créer. »

Clarissa Pinkola Estés

17

NOVEMBRE

☀ 8h02 ☀ 17h08

Ste Élisabeth

« Dieu a partagé : il a donné la nourriture aux riches et l'appétit aux pauvres. »

Coluche

18

NOVEMBRE

☀ 8h04 ☀ 17h07

Ste Aude

« Les chaînes du mariage sont si lourdes qu'il faut être deux pour les porter, quelquefois trois. »

Alexandre Dumas

19

NOVEMBRE

8 h 05 17 h 06

St Tanguy

« On a tort de se plaindre.
Si on savait d'où on vient, où on est,
où on va, ce serait l'enfer absolu. »

Georges Perros

20

NOVEMBRE

8h07 17h05

St Edmond

« Sois attentif à tout, même aux détails sans importance. »

Miyamoto Musashi

21

NOVEMBRE

8 h 08 17 h 04

Présentation de la Vierge Marie

« Une des affirmations les plus puissantes qu'on puisse faire sur son lit de mort, c'est bien de dire qu'on ne regrette rien. »

Sakyong Mipham

22

NOVEMBRE

8 h 10 17 h 03

Ste Cécile

« Souviens-toi que tu joues dans une pièce qu'a choisie le metteur en scène : courte, s'il la voulue courte, longue, s'il l'a voulue longue. S'il te fait jouer le rôle d'un mendiant, joue-le de ton mieux. Et fais de même, que tu joues un boiteux, un homme d'État ou un simple particulier. »

Épictète

23

NOVEMBRE

8h11 17h02

St Clément

« Quand je me tracasse un peu trop parce que je ne travaille pas, je me dis que je pourrais être mort et qu'ainsi je travaillerais encore moins. »

Cioran

24

NOVEMBRE

8h13 17h01

Ste Flora

« Ce que la douceur a de féminin, c'est qu'elle est un courage sans violence, une force sans dureté, un amour sans colère. »

André Comte-Sponville

25

NOVEMBRE

8h14 17h01

Ste Catherine

« Ce que je sais à soixante,
je le savais aussi bien à vingt.
Quarante ans d'un long, d'un superflu
travail de vérification. »

Cioran

26
NOVEMBRE

8h15 17h00

Ste Delphine

« Il ne faut pas appeler richesses les choses que l'on peut perdre. »

Léonard de Vinci

27

NOVEMBRE

☀ 8h17 ☀ 16h59

St Virgile

« N'use pas ce qui te reste de vie
à t'imaginer ce que pensent
les autres, à moins que ce ne soit
en rapport avec l'intérêt général. »

Marc Aurèle

28
NOVEMBRE

☀ 8h18 ☀ 16h58

St Jacques de la Marche

« Il faut se maîtriser si bien que l'on ne puisse être accusé d'emportement, ni au fort de la prospérité, ni au fort de l'adversité ; qu'au contraire on se fasse admirer comme invincible. »

Baltasar Gracian

29

NOVEMBRE

8h19 16h58

St Saturnin

« Quelqu'un d'ordinaire,
c'est quelqu'un qui ne change jamais
tout au long de sa vie. À moins
qu'il n'ait un accident. L'accident
est son dieu privilégié, sa grande
aventure. Il le cherche. L'incendie
de sa maison, la mort d'un proche,
la maladie... »

Alejandro Jodorowski

30

NOVEMBRE

8h21 16h57

St André

« Il y a beaucoup de gens
qui font vanité de leurs défauts,
qu'il serait aisé de corriger. »

Baltasar Gracian

1er
DÉCEMBRE

8h22 16h57

Ste Florence

« Le matin, c'est la jeunesse du jour. Tout y est gai, frais et facile. Il ne faut pas l'abréger en se levant tard. »

Arthur Schopenhauer

2

DÉCEMBRE

8 h 23 16 h 56

Ste Viviane

« Au lieu d'avancer d'imperfection en imperfection et de souillure en souillure, cherche les failles du système, les espaces de perfection et n'avance qu'en passant par eux. C'est ainsi que tu trouveras ta joie. »

Alejandro Jodorowsky

3

DÉCEMBRE

8h25 16h56

St François-Xavier

« L'enfant qui sait se pencher sur l'animal souffrant saura un jour tendre la main à son frère. »

Albert Schweitzer

4

DÉCEMBRE

☀ 8h26 ☀ 16h55

Ste Barbara

« Si, dans votre vie, vous avez rendu une seule personne heureuse, vous n'avez pas perdu votre temps ; si vous avez rendu un chien heureux, cela valait la peine. »

Jean-Yves Leloup

5

DÉCEMBRE

8h27 16h55

St Gérald

« À quoi bon aller sur la lune
si nous sommes incapables
de franchir l'abîme qui nous sépare
de nous-mêmes ? »

Thomas Merton

6

DÉCEMBRE

☀ 8 h 28 ☀ 16 h 55

St Nicolas

« Produire sans s'approprier, agir sans rien attendre, guider sans contrainte, voilà la vertu primordiale. »

Lao Tseu

7

DÉCEMBRE

8h29 16h54

St Ambroise

« Je n’ai jamais payé la première tournée que pour m’en aller plus vite. »

Georges Perros

8

DÉCEMBRE

☀ 8 h 30 ☀ 16 h 54

Immaculée Conception

« C'est parce qu'on imagine simultanément tous les pas qu'on devra faire qu'on se décourage, alors qu'il s'agit de les aligner un à un. »

Marcel Jouhandeau

9

DÉCEMBRE

☀ 8h32 ☀ 16h54

St Pierre Fourier

« Quand l'âme quitte le corps,
la beauté, le charme et l'éclat
ne demeurent plus en lui : d'évidence,
toute la beauté se manifestait
par le corps, alors qu'elle appartenait
à l'âme. »

Sultân Valâd

10

DÉCEMBRE

8 h 33 16 h 54

St Romaric

« L'horloge fait de la réclame
pour le temps. »

Georges Perros

11

DÉCEMBRE

☀ 8h34 ☀ 16h54

St Arthur

« La sobriété ne devrait-elle pas
aussi s'appliquer à la tendance
actuelle à faire croire que l'accès,
partout et à tout moment,
à l'information est gage de liberté ? »

Pierre Rabhi

12

DÉCEMBRE

8 h 34 16 h 54

St Corentin

« Nous avons appris à vivre
en nous efforçant de satisfaire
les besoins d'autrui, à vivre en
fonction du point de vue des autres,
de peur de ne pas être accepté
et de ne pas être assez bien
à leurs yeux. »

Don Miguel Ruiz

13

DÉCEMBRE

8h35 16h54

Ste Lucie

« Pour parvenir à la maîtrise de soi, à la domination de soi, Diogène donnait une technique simple qui consistait à se reprocher aussi fortement à soi ce que l'on met tant d'ardeur à reprocher à autrui. »

Michel Onfray

14

DÉCEMBRE

8 h 36 16 h 54

Ste Odile

« Lorsque tu veux éprouver
de la joie, songe aux mérites
de ceux qui vivent avec toi,
à l'activité de l'un, à la conscience
d'un autre, à la générosité d'un
troisième, ou à telle autre qualité. »

Marc Aurèle

15
DÉCEMBRE

☀ 8 h 37 ☀ 16 h 54

Ste Ninon

« Ce n'est pas tant que vous utilisez mal votre "mental" ; c'est plutôt qu'en général vous ne vous en servez pas du tout car c'est lui qui se sert de vous. »

Eckhart Tolle

16

DÉCEMBRE

8h38 16h54

Ste Alice

« Je ne veux pas prier d'être protégé des dangers, mais de pouvoir les affronter. »

Rabindranath Tagore

17

DÉCEMBRE

8 h 39 16 h 54

St Gaël

« Si tu veux progresser, n’essaie jamais d’avoir l’air instruit. »

Épictète

18

DÉCEMBRE

8h39 16h55

St Gatien

« Un bon voyageur n'a pas de plans fixes et n'est pas tendu vers l'arrivée. Un bon artiste laisse son intuition le mener là où elle le souhaite. Un bon scientifique s'est libéré des concepts et garde l'esprit ouvert à ce qui est. »

Lao Tseu

19

DÉCEMBRE

8h40 16h55

St Urbain

« Peu importe que Dieu n'existe pas. Dieu donne à l'homme de la divinité. »

Antoine de Saint-Exupéry

20

DÉCEMBRE

8h41 16h56

St Isaac

« Être patient signifie se tenir là,
simplement, et attendre
que les choses mûrissent. »

Anselm Grün

21

DÉCEMBRE

8h41 16h56

Hiver • St Pierre Canisius

« Derrière tout durcissement,
tout resserrement ou toute rigidité
du cœur, se cache toujours une peur. »

Pema Chödrön

22
DÉCEMBRE

8h42 16h56

Ste Françoise-Xavière

« Quand on n'est pas attentif
aux émotions de sa propre âme,
on est nécessairement malheureux. »

Pascal Mercier

23

DÉCEMBRE

8h42 16h57

St Armand

« Faire la cuisine, ce n'est pas seulement préparer de la nourriture pour quelqu'un ou pour vous ; c'est exprimer votre sincérité. »

Shunryu Suzuki

24

DÉCEMBRE

8h43 16h58

Ste Adèle

« Si les parents aimaient réellement leurs enfants, ils construiraient une société nouvelle. Mais ils ne les aiment pas assez profondément, et par conséquent ne trouvent pas le temps de se consacrer à ce problème si urgent. »

Krishnamurti

25

DÉCEMBRE

☀ 8 h 43 ☀ 16 h 58

Noël

Quand on m'attaque, je peux me défendre ; mais devant les louanges, je suis sans défense. »

Sigmund Freud

26

DÉCEMBRE

8 h 43 16 h 59

St Étienne

« La gentillesse est le langage
qu'un sourd peut entendre
et qu'un aveugle peut voir. »

Marc Twain

27
DÉCEMBRE

8h44 17h00

St Jean

« La mort d'autrui soumet le vivant, résigné, aux lois inévitables. La sienne, il la considère comme un assassinat. »

Claude Aveline

28

DÉCEMBRE

8h44 17h00

Sts Innocents

« Celui-là a beaucoup fait, qui n'a rien laissé à faire pour le lendemain. Ce mot est digne d'Auguste : *Hâtez-vous lentement.* »

Baltasar Gracian

29

DÉCEMBRE

☀ 8h44 ☀ 17h01

St David

« Cesse de vouloir t'instruire à la façon des écoliers. Connaître un fatras de concepts inutiles est une chose. Posséder sa réponse intérieure en est une autre. »

Alejandro Jodorowski

30

DÉCEMBRE

8h44 17h02

St Roger

« Du point de vue chronologique, si l'on réduit à une année les quinze milliards d'années que l'on attribue à notre univers, l'homme civilisé, *Homo sapiens*, ne fait son apparition que le 31 décembre à 23 h 59. Celui qui se prend pour le "centre de l'univers" est donc un arrivant de dernière minute. »

Matthieu Ricard

31

DÉCEMBRE

8h44 17h03

St Sylvestre